I.K 7 Réserve
25563

CHATEAU
DE NEUILLY.

DOMAINE PRIVÉ DU ROI.

1836.

Imprimerie de Pihan Delaforest (Morinval), rue des Bons-Enfants, 34.

CHATEAU DE NEUILLY.

L'ORIGINE du parc, des jardins et du château de Neuilly, aujourd'hui la résidence préférée du Roi LOUIS-PHILIPPE Ier., n'est pas très ancienne. Le village qui porte ce nom, dont la signification est *nouveau lieu*, était peu remarquable avant la construction du pont qui dans les dernières années du règne de Louis XV, a été exécuté sur les dessins de M. de Perronnet, ingénieur en chef, directeur du corps royal des ponts-et-chaussées ; il se composait de quelques habitations particulières, et d'un petit nombre de maisons éparses, presque isolées sur la rive droite du petit bras de la Seine, entre le Bois de Boulogne, Villiers et Long-Champ.

<small>Origine du village de Neuilly.</small>

<small>Pont de Neuilly.</small>

Un bac, dont les moines Bénédictins de l'abbaye de Saint-Denis avaient le péage, traversait la rivière dans la direction de l'avenue du Roule aujourd'hui la vieille route de Neuilly.

<small>Bac établi par les bénédictins de St.-Denis.</small>

On assure qu'en 1606, Henri IV se rendant avec la Reine au château de Saint-Germain-en-Laye, la voiture, emportée par les chevaux, manqua d'être submergée lorsqu'elle traversait la Seine au bac de Neuilly.

<small>Henri IV court risque de se noyer en passant le bac de Neuilly.</small>

Le Roi, qui s'était trouvé en danger de perdre la vie, or-

<small>Construction d'un pont de bateaux.</small>

1.

donna aussitôt la construction d'un pont de bateaux, dont Louis XIII son fils concéda, en 1637, le péage pour trente ans à la demoiselle Marie d'Hautefort, attachée d'abord au service de la Reine-Mère, depuis duchesse de Schomberg, et dame d'atours de la Reine Anne d'Autriche.

<small>Droit de péage accordé à la D^{lle}. Marie de Hautefort.</small>

Un arrêt du Parlement, en date du 4 mars 1705, confirme au marquis de Surville, héritier légataire universel de cette dame, la propriété du droit de péage des *ponts de Neuilly*, dont probablement la jouissance aura été prolongée jusqu'à l'époque où, sous le règne de Louis XV, le nouveau pont, commencé en 1768, décintré quatre ans après, le 22 septembre 1772, a été terminé.

<small>Confirmation du droit de péage.</small>

On trouve dans l'un des actes du dépôt des archives, que le marquis de Nointel, garde des sceaux par intérim de S. A. R. Monseigneur le Duc d'Orléans, frère de Louis XIV, possédait, en 1668, le château de Neuilly. M. de Sassenaye l'ayant acquis en 1702, en a joui jusqu'au 11 juillet 1740, époque à laquelle il l'a vendu à Mme. Gontaut-Biron. Cette dame, par son testament du 16 août de la même année, a cédé la nue-propriété de Neuilly à M. Pierre Voyer-d'Argenson, chancelier de Monseigneur le Duc d'Orléans, et l'usufruit à M. Devillars, ce qui démontrerait que sa possession n'a duré qu'un mois et cinq jours.

<small>Le Marquis de Nointel.</small>

<small>M. De Sassenaye.</small>

<small>Mme. Gontaut Biron.</small>

Pierre Voyer-d'Argenson, chancelier du Duc d'Orléans, grand-père du Roi régnant, étant resté, par la mort de M. Devillars en 1741, seul propriétaire de Neuilly, a fait entreprendre la construction du château, qui, en 1744, a appartenu à son héritier, M. René-Louis Voyer-d'Argenson, aussi chancelier de la maison d'Orléans.

<small>Pierre Voyer-d'Argenson.</small>

Ce fut donc Pierre Voyer-d'Argenson qui fit élever, près

CHATEAU DE NEUILLY.

des limites de la capitale, sur la rive droite de la Seine, le château de Neuilly. Cette habitation avec ses dépendances, son parc et ses jardins, occupait, près du nouveau pont, entre la plaine de Villiers, la Seine et le chemin dit de la procession, une étendue de trente-trois arpens et un tiers.

Construction du château de Neuilly.

René-Louis d'Argenson, ayant succédé à Pierre d'Argenson, vendit, le 10 juillet 1766, pour la somme de 100 mille francs, le château de Neuilly à M. Radin de St.-Foix, qui, vingt-un ans après, le 5 avril 1792, le revendit, pour la somme de 370 mille francs, à Mme. de Montesson.

René-Louis d'Argenson.
M. Radin de St.-Foix.
Mme. de Montesson.

M. Delannoi et Mme. Wanderberghe étant devenus, le 19 floréal an II (8 mai 1794), propriétaires du château de Neuilly pour la somme de 230 mille francs, le cédèrent, par acte du 12 ventôse an XII (4 mars 1804), pour la même somme au général Murat, qui possédait alors le château de Villiers, que le général Bessières lui avait vendu.

M. Delannoi et Mme. Wanderberghe.
Le général Murat.

Les deux châteaux ainsi réunis, différens accroissemens et plusieurs changemens importans ont été successivement exécutés dans les années 1804, 1805, 1806 et 1807. C'est alors que l'aile gauche du château a été bâtie, ainsi que la salle à manger, avec une partie de l'aile droite et la prolongation de la façade du côté des jardins; que l'étendue des deux parcs a été considérablement augmentée par la réunion d'une partie des terres de la plaine; que les plantations ont été faites : c'est dans les deux dernières années que des dépendances nouvelles ont été ajoutées aux anciennes.

Lorsqu'en 1808, le général Murat, devenu grand-duc de Berg, quitta la France pour aller occuper le trône de Naples, toutes les propriétés qu'il possédait, et notamment les châteaux de Neuilly et de Villiers firent partie des

Réunion de Neuilly et de Villiers au domaine de la Couronne.

biens composant le domaine extraordinaire de la Couronne.

Napoléon ayant fait don, le 28 octobre 1808, à la princesse Borghèse sa sœur, du château de Neuilly avec ses dépendances, en avait distrait celui de Villiers, qui, pendant l'été de 1809, fut habité par le prince Kourakin, ambassadeur de Russie. Cette maison lui avait été donnée comme lieu d'agrément convenable au rétablissement de sa santé fort altérée par la goutte. Une clôture en palis séparait alors les deux parcs, dans la disposition où se trouvait primitivement le chemin de la procession. La princesse, pendant les cinq années que dura sa possession, n'ajouta rien à l'ensemble général et aux agrémens particuliers de l'habitation qui lui avait été donnée; elle la regardait comme une résidence incommode, comme un lieu mal sain, dont plusieurs fois elle demanda à faire échange contre un domaine moins voisin de la capitale.

Possession de la princesse Borghèse.

Le prince Kourakin habite Villiers.

On chercha à détruire les causes de l'insalubrité signalée. Divers moyens furent proposés; et, à cet effet, la direction des ponts-et-chaussées fit construire en 1811 un acqueduc au-dessous du pont traversant le chemin de la berge, pour écouler les eaux stagnantes de la partie basse qui formait un étang entre la rivière et la rue basse de Long-Champ; cependant, malgré ces travaux et d'autres soins, le mauvais renom dont le séjour de Neuilly avait été frappé subsista.

Acqueduc pour l'écoulement des eaux stagnantes au-dessous du pont.

Lorsqu'en 1814, Louis XVIII étant en jouissance de tous les biens de la couronne impériale, on proposa au duc d'Angoulême le domaine de Neuilly pour son habitation de campagne, ce prince refusa, en répétant ce qui avait été précédemment dit de l'insalubrité du lieu. Néanmoins il accepta le château de Villiers, et il en prit possession le 18 novembre 1816, avec l'intention d'y faire un haras, à l'instar de celui

Villiers donné au duc d'Angoulême.

de Viroflay ; mais les grandes dépenses auxquelles l'état des choses et les besoins d'un établissement de cette sorte auraient donné lieu, le déterminèrent à laisser sans exécution tous les projets qui lui avaient été présentés.

Le Roi Louis XVIII fit échange avec le Duc d'Orléans, en 1818, des châteaux de Neuilly et de Villiers contre les bâtimens des Écuries de Chartres, rue Saint-Thomas-du-Louvre, à Paris, qui, depuis 1801, étaient occupées par les chevaux de la Couronne. L'estimation des experts, en date du 10 mars 1818, porte la valeur du domaine de Neuilly, Villiers, parcs, jardins et dépendances, à 1 million 34,187 francs, et celle des écuries de Chartres, à 1 million 184,353 francs. *Échange de Neuilly et Villiers contre les Écuries de Chartres.*

Le Duc D'Orléans revenu d'Angleterre où il était allé passer quelque temps après la fin de l'entreprise des cent jours, et l'abolition du règne impérial, avait cherché long-temps et sans succès une habitation de campagne près de Paris, à distance convenable, pour s'y fixer avec sa famille pendant les beaux jours de l'année. Le Rainci, Mousseaux qu'il possédait, lui avaient été rendus morcelés, sans habitation principale, et sans trace de château ; ce qui restait de ces deux maisons de campagne autrefois si agréables consistait en bâtimens de dépendances, en constructions mal entretenues et presqu'en ruines. Villers-Cotteret, privé de son parc et de ses jardins, était devenu une maison de détention, consacrée désormais à la répression ou à la réclusion de la misère et du vice. Le Prince avait successivement visité les châteaux de Saint-Leu, Rosni, Morfontaine, Ermenonville, Champ-Ferrières, Baie et autres qui étaient à vendre. Il les avait vus presque tous, jusque dans les plus petits détails ; *Le Duc d'Orléans préfère le château de Villiers.*

et malgré les préventions d'insalubrité qui subsistaient encore, malgré les dévastations exercées pendant le long séjour des armées et de l'état-major des puissances étrangères, le château de Neuilly lui parut préférable à toutes ces résidences dans lesquelles ses besoins, ses habitudes et ses goûts auraient été difficilement satisfaits.

Ratification de l'acte d'échange.

C'est ainsi que le petit château de M. d'Argenson, passé après la cession du général Murat dans la liste des biens du domaine extraordinaire de la couronne, fait aujourd'hui, au moyen de l'acte en date des 27 et 28 mars 1820, autorisé par la loi du 16 juillet 1819, partie du domaine privé de la maison d'Orléans.

Dispositions pour l'achèvement et l'embellissement des résidences de Neuilly et Villiers.

Quoique la réunion du château de Villiers à celui de Neuilly ait beaucoup augmenté l'importance de cette résidence, et que l'acquisition faite sous la possession du général Murat, d'une grande partie des terres de la plaine de Villiers, entre la clôture des deux parcs et les trois grandes routes de ce côté, ait donné l'étendue nécessaire à des embellissemens et à des plantations nouvelles, il était difficile de penser que l'on pouvait faire d'un assemblage de choses aussi détachées, aussi disparates entre elles, une demeure commode et digne du haut personnage qui en fait habituellement ses délices.

Certes trouver, sans rien détruire, en occupant toujours une distribution convenable, un ensemble bien ordonné, dans les constructions premières qui étaient de fort petite proportion, et dans celles qui y avaient été successivement ajoutées sans le moindre effort pour les accorder entre elles, devait paraître espérance vaine. Les difficultés d'art, quoique grandes, sans doute, n'étaient pas le plus invincible obstacle de cette entreprise; car il fallait, avant toutes choses, ainsi qu'il a été fait au Palais-Royal, concevoir un plan général, arrêter une disposition dont l'exécution ne fut pas hors de mesure, ne rien changer à l'ensemble du parti adopté, ne jamais s'écarter dans l'exécution du but fixé, et surtout opposer constamment, aux contrariétés trop ordinaires en matière pareille, la volonté ferme, la persévérance soutenue, sans lesquelles il n'est pas de succès possible.

Telles ont été, pendant toute la durée de ce long travail, jusque dans les moindres détails, les résolutions du Prince qui a ordonné et dirigé les constructions et les embellissemens de l'agréable résidence de Neuilly.*[Possession du Duc d'Orléans.]*

La belle situation dont M. d'Argenson avait fait choix, la possession de l'un des bras de la Seine, ses bords fertiles, et l'étendue de la grande île en face, pouvaient évidemment inspirer la composition et les arrangemens de la maison d'un particulier riche. Mais quelque séduisante que cette habitation pût paraître, la petite dimension du parc, bordé en tous sens par des propriétés diverses, la distribution incommode du château, ses dépendances resserrées entre les passages qui servaient d'arrivée aux habitations voisines, le château de Villiers et ses dépendances à l'extrémité du parc, trop éloignés du logis principal, n'offraient qu'un amas de choses dissemblables et insuffisantes pour constituer la demeure d'un Prince, chef d'une grande famille. Elles présentaient fort peu les convenances nécessaires à son service.

Il fallait donc acheter, s'étendre au-dehors, et trouver au-delà des limites du domaine cédé, l'espace sans lequel il était difficile de remplir les conditions du programme. En conséquence on a été forcé de faire un grand nombre d'acquisi-*[Acquisitions.]*

CHATEAU DE NEUILLY.

tions aux alentours, tant pour arriver à l'entière possession des terres de la plaine de Villiers, que pour dégager et augmenter les dépendances des deux châteaux. Partout on a traité, l'on peut dire à l'amiable, quoique partout les vendeurs n'aient rien négligé de ce qui devait faire obtenir à chacun des prix doubles et même triples de la valeur réelle des propriétés acquises.

Si les entraves apportées par ces fatigans combats d'intérêts, presque partout les mêmes, ont contrarié, retardé souvent ou modifié en quelques parties, l'exécution des projets arrêtés, la persévérance soutenue qui présidait à tout, a su vaincre et dissiper les nombreux obstacles auxquels elle a constamment opposé avec succès la plus franche bonne foi.

Après ces acquisitions qui, à l'exception de quelques portions détachées, au-delà de l'enceinte, ont terminé l'entier isolement du domaine, en tous sens, l'exécution des constructions projetées sera complétée.

Exécution des projets arrêtés.

Lorsque le Duc d'Orléans, devenu propriétaire, ordonna les dispositions et les embellissemens du château de Neuilly, il avait, par une possession anticipée, été à portée de connaître les avantages et les inconvéniens de cette résidence, dans laquelle la duchesse d'Orléans, son épouse, a donné, le 14 août 1818, naissance au prince de Joinville, son troisième fils.

Digues séparant les deux bras de la Seine.

Le prince, dès les premiers jours de son habitation, s'était aperçu que les ouvrages faits par la direction des ponts et chaussées pour l'assainissement du lieu, dans l'année 1811, étaient restés imparfaits et qu'il fallait leur donner suite en exécutant les digues projetées alors sur le petit bras

CHATEAU DE NEUILLY.

de la Seine; il ordonna de suite les travaux que des raisons d'économie et la défaveur précitée avaient fait suspendre, et qui depuis la dépossession de la princesse Borghèse étaient restés presque entièrement oubliés. Il avait vu que la stagnation du cours de l'eau, l'état des attérissemens formant des îles basses, dans le petit bras de la Seine, les ravages, les dégradations causés aux rives de la grande île par les fréquentes inondations du grand bras exigeaient des ouvrages importans et des dépenses considérables que les autres propriétaires, avant lui, n'avaient osé entreprendre. C'est alors qu'après s'être fait rendre compte et après avoir pris connaissance de ce qui avait été projeté antérieurement sur ce sujet, ayant acheté du domaine de l'état, par acte du 30 octobre 1821, les terres d'alluvion qui composaient en tout environ sept arpens au-dessous du pont et qui formaient sept îlots traversés par des courans d'eau très irréguliers, il entreprit la construction des deux digues qui rattachent l'île du pont d'un côté à la grande île, et de l'autre à celle de Puteaux. (*Voir le plan général, planche* n°. 1.) L'île dite de la Folie en tête de l'île de Puteaux a été acquise ensuite afin de pouvoir régler sur ce point le cours des deux bras de la Seine, porter plus d'eau sur le grand bras et favoriser ainsi la navigation de la rivière. *Acquisition des îlots près du pont.*

Il est résulté de ces dispositions sages que les eaux du petit bras de la Seine resserrées et soutenues à 15 pouces au-dessus de celles du grand bras dans leur cours ordinaire, ont acquis une rapidité telle que les roseaux et les mauvaises herbes, dont la surface était toujours couverte, ont disparu. La rivière devenue limpide et profonde dans les *Travaux d'assainissement sur le cours de la Seine.*

parties où elle était stagnante et fangeuse, présente aujourd'hui, avec les jouissances d'une navigation des plus agréables, tous les charmes d'un beau canal pittoresquement bordé de grands arbres dont les eaux réfléchissent en cent manières différentes la brillante image. Plusieurs îles, sorties en quelque sorte du sein des eaux, ont été entièrement créées, d'autres qui primitivement n'étaient que des attérissemens flottans au gré des inondations de chaque hiver ont été accrues et portées à la hauteur des îles anciennes, en donnant partout au lit du fleuve un cours facile et une profondeur réglée. Ces terres nouvelles et toutes celles qui composent le grand et le petit parc ont été plantées d'arbres variés dont la merveilleuse croissance a parfaitement répondu aux soins que l'on a constamment pris pour les conserver et les entretenir.

Si l'on rappelait les énormes dépenses causées par ces grands travaux, si l'on disait qu'elle masse de terre a été tirée du fond de la rivière et transportée à batelets pour former dans les emplacemens indiqués un sol que plus d'une fois la rapidité des eaux enlevait, si l'on racontait les difficultés que l'on a rencontrées, il conviendrait d'ajouter que cette entreprise très dispendieuse, sans aucun doute, a été pour tout le pays et ses environs une source de biens infinis; elle leur a fourni des moyens d'opulence qui en doublant la population ont fait sa prospérité.

Moyens mécaniques et pompes pour élever les eaux.

Après avoir ainsi augmenté l'espace et les agrémens des jardins, après avoir, comme il a été dit, créé, par des combinaisons bien conçues, une grande étendue de terres nouvelles de manière à donner dans une longueur de deux mille quatre cent quatre-vingt-deux mètres, ou près d'une lieue la

CHATEAU DE NEUILLY.

plus belle, la plus variée des promenades, entre les deux bras d'une grande rivière, enfin après ces longs et difficiles travaux, il a fallu pour conserver et entretenir les plantations et pour fournir à tous les besoins du service de la maison, chercher un moyen d'amener des eaux sur les points où elles étaient nécessaires. On a fait appel à l'art mécanique, et de suite les hommes habiles de France et autres se sont empressés de venir offrir leurs talents et leurs projets. Le moteur de l'eau ayant été proposé par les uns, celui du feu par les autres, l'air et la force industrielle par plusieurs, il a été fait épreuve de tout, et le prince dont la confiance, comme les bienfaits de la providence, a toujours appartenu, sans acception de personnes et sans prévention de pays, à qui sait s'en rendre digne, a chargé un mécanicien anglais de construire la pompe à bateaux qui fait le service des jardins. D'autres mécaniciens français ont exécuté la pompe près de la grille du ponceau, le moulin à vent de la pépinière de Villiers et les deux pompes à manége. *Pompe à bateaux. Pompe à feu. Pompes à manége. Moulin à vent.*

Il en a été de même pour la construction des ponts qui traversent la rivière et mènent aux îles. On a établi d'abord plusieurs ponts mobiles en planches qui se démontent et s'enlèvent, chaque année, avant les grandes eaux, puis un pont de bateaux que l'on met en garre à la même époque, puis on a fait différens essais de ponts en fil de fer; puis enfin les frères Séguin, habiles et célèbres ingénieurs, ont élevé vers le centre de la grande île le pont de fil de fer, le premier des grands ponts de ce genre construits à Paris. *Ponts sur le petit bras de la Seine. Pont de fil de fer.*
(*Voir la planche* n°. 21.)

En examinant avec attention l'étendue, l'importance et la nécessité de tels ouvrages, on comprendra facilement qu'un prince, maître d'une grande fortune, pouvait seul posséder et rendre habitable la résidence de Neuilly. Outre qu'il fallait assainir le cours de la rivière en lui formant un passage libre, en bordant ses rives, en limitant son étendue, on avait encore à se tenir constamment en défense contre ses inondations imprévues et ses glaces qui plus d'une fois ont enlevé, non seulement des berges avec de grandes portions de rivage, mais des isles entières. C'est pourquoi, comme à l'entrée des ports exposés aux vagues de la mer, on a garanti les têtes d'îles avec des constructions recouvertes de roches pour recevoir le choc des débâcles et résister aux débordemens. Des remblais considérables appuient ces ouvrages avancés qu'il faut entretenir avec soin et sans lesquels on verrait bientôt les îles et les rivages du parc de Neuilly dans l'état où ils étaient lors de la mise en possession du duc d'Orléans.

Disposition des constructions et travaux intérieurs. Tandis que par des travaux considérables on assainissait le cours de la rivière, tandis que l'on couvrait de plantations, habilement disposées, les terres acquises, tant au dedans qu'au dehors du parc, qu'on embellissait les jardins, et que par des moyens d'arrosemens bien entendus, on entretenait leur verdure, l'habitation devenait agréable et commode, tout s'améliorait jusques aux moindres choses, et dans les plus ordinaires, on ne pouvait s'empêcher de reconnaître la prévoyante pensée qui ordonnait et dirigeait le travail. Chaque jour, en ne s'écartant jamais du plan arrêté, on marchait vers le but d'achèvement que l'on avait fixé, et quoique souvent en différens cas on ait agi sous l'influence ou d'après les conseils du temps et des circonstances, jamais, il faut le répéter encore, on n'a rien détruit; jamais on n'a supprimé un ouvrage fait pour lui substituer celui que le caprice ou la fantaisie auraient pu proposer. (*Voir les plans* n°ˢ 1, 2, 3 et 4.)

Les travaux de construction dont le mouvement des saisons, a, chaque année, réglé l'étendue ainsi que la durée, n'ont jamais été entièrement interrompus; et, si à différentes époques ils ont paru se ralentir, c'était afin de pouvoir accorder l'exécution de ces ouvrages avec les intérêts et les besoins d'une résidence presque continue. Chaque année avait sa tâche fixée.

C'est ainsi qu'en 1819 l'on a agrandi le parc, les îles et commencé les travaux d'assainissement sur le cours de la rivière.

<small>Nomenclature sommaire des travaux de chaque année.</small>

1820. On a fait l'aile droite du château, l'appartement du Roi, celui de son Altesse Royale Madame la princesse Adélaïde.

1821. Les bâtimens qui se rattachent au service des cuisines, le rétablissement du château de Villiers avec ses dépendances, les plantations du parc et des terres acquises, le travail des eaux et des îles.

1822. Les caves sous la salle à manger et les autres ailes du château, la chapelle, les distributions des logemens du service, les digues sur la rivière, la réunion du petit château au grand, la plantation du grand parc, les clôtures. (*Voir les plans* n°ˢ 1, 2, 3 et 4.)

1823. La façade principale du château du côté de la cour d'honneur, les deux pavillons de la grille d'entrée, le chemin du port, la grille, le pont, les clôtures de ce côté, les petits ponts des îles. (*Voir les planches* n°ˢ 10 et 11.)

1824. La grille d'honneur et les bâtimens qui l'accompagnent, les clôtures avec leurs entrées au pourtour du parc; les dépendances du château de Villiers.

1825. Le réservoir des eaux, leurs conduits, la serre chaude du jardin fleuriste, le manége couvert, les dépendances sur l'avenue de Saint-Foix, le pont de bâteaux.

1826. L'entrée de l'avenue de Saint-Foix, les bâtimens qui l'accompagnent. (*Voir la planche* n° 14.)

La réunion des îles au-dessous de Villiers, la pompe sur le cours de la rivière.

1827. Les dépendances extérieures, celles du petit château, celles des maisons de l'avenue de Saint-Foix, les acquéducs pour le service et l'écoulement des eaux.

1828. La cour des remises avec ses dépendances, le temple de Diane. (*Voir la planche* n° 3.)

Le pont de fil de fer. (*Voir la planche* n° 21.)

1829. L'aîle des appartemens du duc d'Orléans et du duc de Nemours, le bâtiment du commun et dépendances, la glacière, les conduits des eaux, la pompe à feu.

1830 et 1831. Le bâtiment des écuries neuves, le temple de marbre, les grottes, les enrochemens des têtes d'îles, les corps de garde, les maisons de l'avenue de Saint-Foix.

Il est résulté de ces travaux et des dépenses auxquelles ils ont donné lieu, que le château de Neuilly réuni à celui de Villiers, avec ses parcs, ses jardins, ses îles et toutes les dépendances qui y ont été successivement ajoutées, comprend une étendue de 650 arpens.

CHATEAU DE NEUILLY.

Il contient 30 logemens de maître.

Lits de suite, 500;

Écuries pour 200 chevaux;

Remises pour 40 voitures;

Corps-de-garde pour 150 hommes d'infanterie;

Idem pour 100 hommes de cavalerie.

Chercher à expliquer et à faire connaître toutes les particularités des différentes constructions qui ont été exécutées pour l'achèvement et l'embellissement de la résidence de Neuilly, serait, on peut le penser, une entreprise vaine et sans importance; c'est pourquoi, laissant de côté tous les petits détails de ce long travail, il suffira, peut-être, d'indiquer sommairement l'état des choses avant les accroissemens, et de faire connaître l'esprit et le but dans lesquels ils ont été conçus.

L'époque à laquelle le général Murat a fait son habitation de la maison de M. d'Argenson était le commencement de celle où la soif des progrès était devenu la préoccupation de tout le monde; changer, fut le cri de chacun, et dans le mouvement général, auquel il était impossible de ne pas se laisser aller, on a vu souvent préférer au talent de faire bien, celui de faire autrement. On a confondu, par suite du délire général, le goût avec la mode, l'affectation avec la vérité, le singulier avec le beau, et l'on s'est plu à vanter avec engouement tout ce qui sans être nouveau pouvait paraître étrange.

Le goût, ce sentiment délicat, qui n'est rien, si la raison et l'utilité le désapprouvent, cherchait alors, dans les exemples d'un temps justement célèbre, une origine qu'il croyait avoir trouvée et que depuis il a presque entièrement perdue. Il avait ici dans les constructions ajoutées au corps du château de M. d'Argenson, repoussé tout moyen d'accord avec les choses faites, prétendant ainsi se montrer supérieur à ce qui l'avait précédé et ne prévoyant pas que d'autres bientôt useraient de répressailles à son égard. Les façades ajoutées en ailes aux deux côtés du château sur la cour d'entrée, étaient de proportions plus petites que celle du corps principal, et complétement disparates avec celles auxquelles elles ont été rattachées. Les intérieurs que l'on disait faits en imitation de la simplicité et de l'élégance grecque, offraient un contraste frappant avec la richesse des salons décorés dans les dernières années du règne de Louis XV. Les besoins du général, bien différens de ceux de ses prédécesseurs, avaient été médiocrement satisfaits, et tout ce que l'on avait exécuté pour le beau-frère de l'empereur, ne convenait en rien au prince à qui le domaine de Neuilly était cédé. On n'avait pas, il est vrai, prétendu, dans ce qui était fait, élever deux édifices séparés avec une ordonnance, une architecture entièrement différente, mais on ne pouvait s'empêcher de voir dans tout ce qui avait été bâti après M. d'Argenson une protestation de fait contre le goût des constructions de son époque, contre une conception avec laquelle on avait refusé formellement toute alliance.

Enfin dans cet état des choses, il y avait lieu de penser, d'après ce qui existait et d'après la disposition des esprits d'alors, que le rétablissement et l'achèvement de Neuilly pouvait donner matière à de nouvelles questions d'autant plus difficiles à résoudre, que dans le court intervalle qui

CHATEAU DE NEUILLY.

s'était passé entre les années de l'Empereur et celles de la Restauration, les productions des arts précédemment réprouvées, avaient repris faveur.

C'est ici que la sagesse et le jugement éclairé du Prince ont apparu de la manière la plus éclatante. Bientôt, dès le premier examen, les hésitations qui étaient à craindre, les incertitudes que des intérêts mal définis ou de faux préjugés d'art pouvaient faire naître, ont été dissipées; et le programme que la raison dictait, est devenu facile. Ne rien détruire, mettre à profit tout ce qui était fait, y ajouter le nécessaire et terminer chaque chose par des moyens simples, sans chercher pour prix du travail une gloire autre que celle d'avoir pu parvenir à persuader qu'une seule pensée avait conçu, dirigé et terminé l'ouvrage.

Tel a été le sens, telles ont été les vues dans lesquelles le duc d'Orléans a ordonné les travaux qui ont rendu remarquable la résidence de Neuilly.

Indépendamment des arrangemens et des distributions intérieures qui ont fait du château du général Murat, une demeure convenable, on y a ajouté toutes les dépendances nécessaires, sans cependant, comme il est souvent arrivé ailleurs, les étendre hors de mesure, et leur donner une proportion qui aurait excédé celle du corps de logis principal. *Nouvelles dépendances.*

Les écuries neuves qui contiennent 120 chevaux et les remises pour 40 voitures, sont à peine aperçues. Elles occupent, dans une position rapprochée, un emplacement dans lequel on a cherché à faire beaucoup moins une construction apparente, qu'à disposer et arranger chaque partie de ma- *Écuries.*

CHATEAU DE NEUILLY.

nière à satisfaire amplement à tous les besoins d'un établissement de cette sorte.

Cuisines.

Il en a été de même des cuisines ainsi que des autres services, on reconnaît que tout y est remarquable, non par la grandeur et l'éclat, mais par la perfection, la recherche et les soins apportés aux diverses parties, jusque dans les moindres détails.

Si, après ce premier coup-d'œil, on examine avec quelque attention tout ce qui a été fait pour embellir et habiter Neuilly, on reconnaîtra, sans doute, soit dans l'ensemble, soit dans les détails, que l'utile a partout précédé l'agréable, et si l'on a parfois fait des efforts pour atteindre le beau, jamais on n'a eu la pensée de le trouver hors de la mesure et des règles qui constituent le bon.

Cependant il ne faut pas croire qu'en exagérant ce principe et donnant à la signification du mot *utilité* une interprétation trop rigoureuse, on aurait affecté de repousser tout ce qui ne pouvant subir la question du pourquoi, aurait prêté matière aux arguties du raisonnement, et qu'on aurait rejeté ce qui n'était que de pur agrément, un grand nombre d'ouvrages qui n'ont d'autre but que l'embellissement, ont été exécutés en différentes parties des jardins pour en augmenter les charmes.

Serre chaude.

Une très petite serre chaude bâtie grossièrement et sans recherche, à l'extrémité du jardin fleuriste, est devenue, par suite des adjonctions et des perfectionnemens qu'elle a reçus, un édifice assez remarquable dans les constructions de ce genre pour que plusieurs aient cherché à l'imiter. *(Voir la Planche n° 15.)*

CHATEAU DE NEUILLY.

On a fait, sous les grands tilleuls, vers l'entrée du châ-   Temple de Diane.
teau, d'un bâtiment qui servait de laiterie, un temple à
Diane, dans lequel la statue de Diane de Poitiers, placée
autrefois dans la chapelle du château d'Anet, occupe la place
principale avec différens sujets et attributs qui caractérisent
la déesse des chasses. (*Voir la Planche* n°. 16.)

Plus loin, sur l'un des terrains acquis le long de l'avenue   Manège.
de Saint-Foix, un manége en charpente légère, couvert en
ardoise et d'une grande dimension, avec une estrade en am-
phithéâtre au pourtour, sert habituellement aux exercices
et aux jeux d'équitation.

On voit, au sommet du rocher qui garantit la tête de l'île   Temple de marbre.
au-dessus du pont, un temple en marbre blanc, tiré des jar-
dins de Mousseaux, où il tombait en ruines. Ce petit monument, dont la blancheur brille au milieu des arbres qui l'en-
tourent, est fondé sur la voûte d'une grotte en rochers qu'il
faut traverser pour descendre à la digue. (*Voir la Planche* n°. 18.)

Un second pavillon pittoresque, formé en charpente de   Pavillon en grumme
bois en grumme, dans un autre point de vue que l'on aper-
çoit du pont, est également élevé au sommet d'une autre
grotte en rochers, au bout du chemin creux, sur le grand
bras de la Seine. (*Voir la Planche*, n°. 19.)

On trouve encore en différens points du parc, dans les
positions les plus agréables, plusieurs constructions de ce
genre; les unes servent d'abri au besoin, d'autres logent des
gardes et des gardiens.

Toutes ces constructions que l'on ne peut, il est vrai,
mettre au rang des ouvrages d'utilité, et qu'il convient de

considérer comme des objets d'agrément, suite et complément de l'embellissement des jardins, ne sont pas les produits d'une volonté fantastique, et encore moins des imitations, comme on a pu en voir ailleurs, de ces maisons rustiques, de ces rochers pittoresques, tant vantés autrefois, quand on avait mis la cour au village, et le village à la cour.

On doit reconnaître dans tout ce dont se composent ces diverses bâtisses, le jugement sage qui les a ordonnées, et l'amour d'ordre avec l'esprit de recherche qui caractérisent particulièrement les ouvrages exécutés à Neuilly. Il faut ajouter encore que dans le concours d'amélioration et de perfectionnement dont le Prince a toujours été l'âme, la raison a constamment dirigé tout ; jamais, dans quelque circonstance que ce soit, la prédilection aveugle ou l'engouement qui en est la suite, le caprice ou la prévention, n'ont exercé leurs influences sur les déterminations que l'on a dû prendre. Si les vicissitudes du travail de chaque jour ont parfois motivé des questions imprévues, l'avis préféré a toujours été celui qui, pour atteindre le but marqué, a proposé les moyens les plus simples.

Telle a été la marche toujours suivie ; telles ont été, sans déviation, les vues d'après lesquelles pendant quatorze ans, sans interruption, les travaux entrepris pour l'amélioration et l'embellissement du domaine de Neuilly ont été exécutés.

Journées de Juillet 1830. C'est au milieu des loisirs de cet agréable séjour, et dans le moment le moins prévu, qu'après la plus prompte et la plus étonnante de toutes les révolutions, la France, effrayée des dangers qui la menaçaient, a tourné ses regards vers Neuilly pour y trouver le prince digne de porter la couronne que le roi Charles X avait laissé tomber. Le duc d'Orléans, occupé de paisibles et honorables travaux, habitait tranquillement ce beau lieu avec sa nombreuse famille, dont il faisait le bonheur.

Exempt de toute inquiétude, ordonnant, dirigeant, dans le calme le plus profond, les embellissemens de sa demeure, il était loin de penser que les délices de cet agréable séjour allaient être bientôt troublés par les soucis, les embarras et les dangers du pouvoir.

A peine il commençait à jouir de son ouvrage, lorsque les envoyés des grands corps de l'État, accoururent le vendredi 30 juillet, dès le matin, et le rencontrèrent au milieu de ses jardins, dans le bosquet où son auguste sœur, Madame la princesse Adélaïde a fait élever depuis, à ses frais, en hommage de l'attachement le plus tendre, le petit monument représenté ci-après. (*Planche*, n°. 20.)

C'est là que chargés de la plus importante des missions, ces députés firent part au Prince de l'état de la ville, et le supplièrent de venir au secours de la patrie en danger.

Un boulet lancé le 29 juillet, au soir, dans ses jardins, et ramassé à quelques toises de la grille du château, l'avait déjà averti de la défaite du roi Charles X et de la retraite de ses troupes. Ce fait est le sujet du dessin gravé. (*Planche*, n°. 12.)

Louis-Philippe d'Orléans qui, l'un des premiers, en 1792, avait pris les armes pour défendre la France, ne crut pas devoir hésiter en 1830, à répondre au nouvel appel qu'elle lui adressait. Il oublia tout, ne pensa plus qu'à son pays, et partit, laissant à la providence, qui ne l'a pas abandonné, le soin de tout ce qui lui est cher.

Il est arrivé à Paris, le 30 juillet, à dix heures du soir ; l'ordre et la confiance y sont rentrés avec lui.

Dès ce moment, malgré les désordres, malgré les fureurs, malgré les crimes des partis toujours vaincus par la sagesse, la justice et la persévérance, la prospérité publique n'a pas été troublée ; le bonheur et la paix ont constamment régné depuis ces journées à jamais mémorables, que les fastes de Neuilly conserveront, et dont la France s'honore.

PLAN GÉNÉRAL
des Chaterrées de Neuilly, Villiers, Passy et Anteuil

ECHELLES

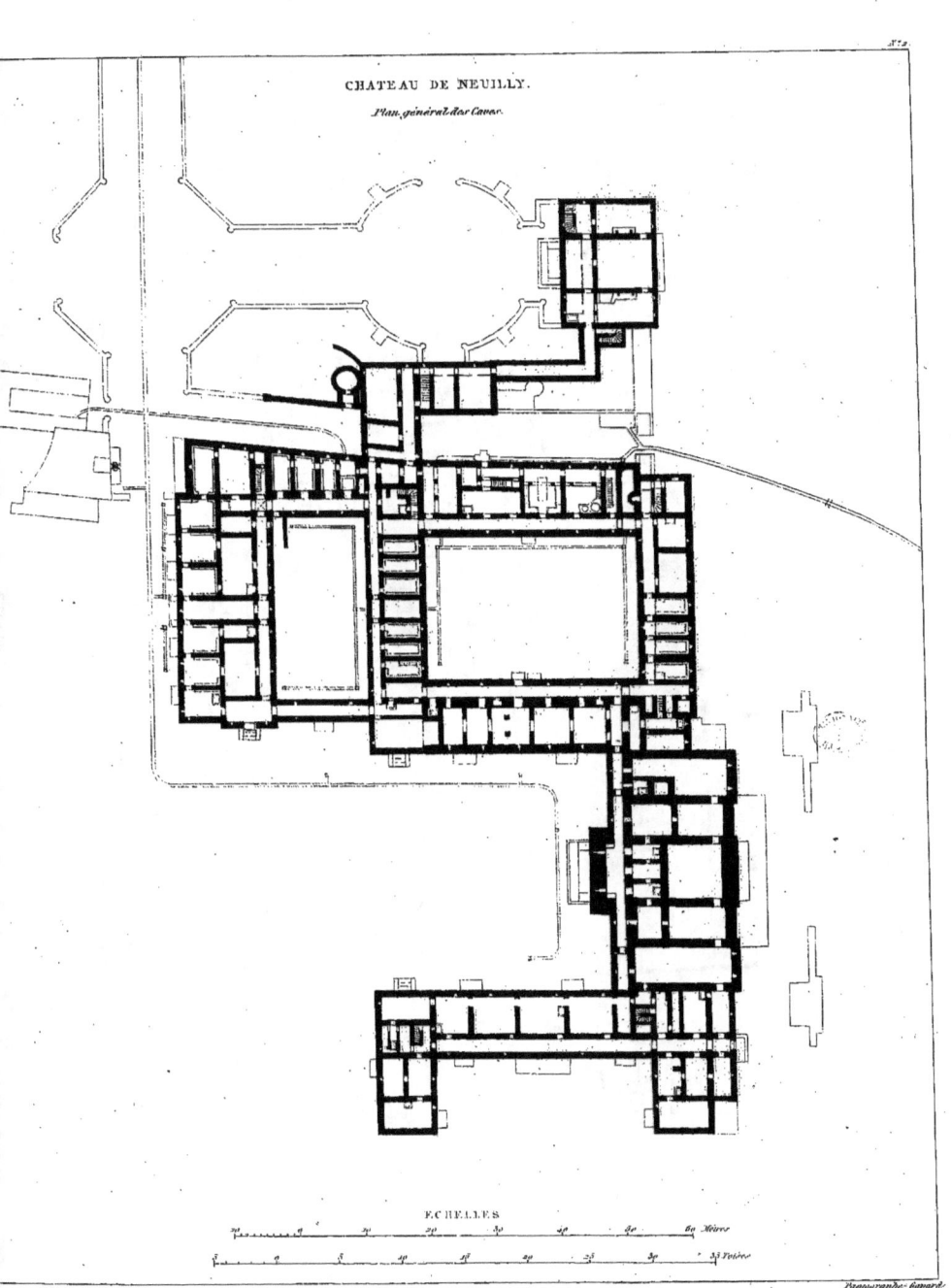

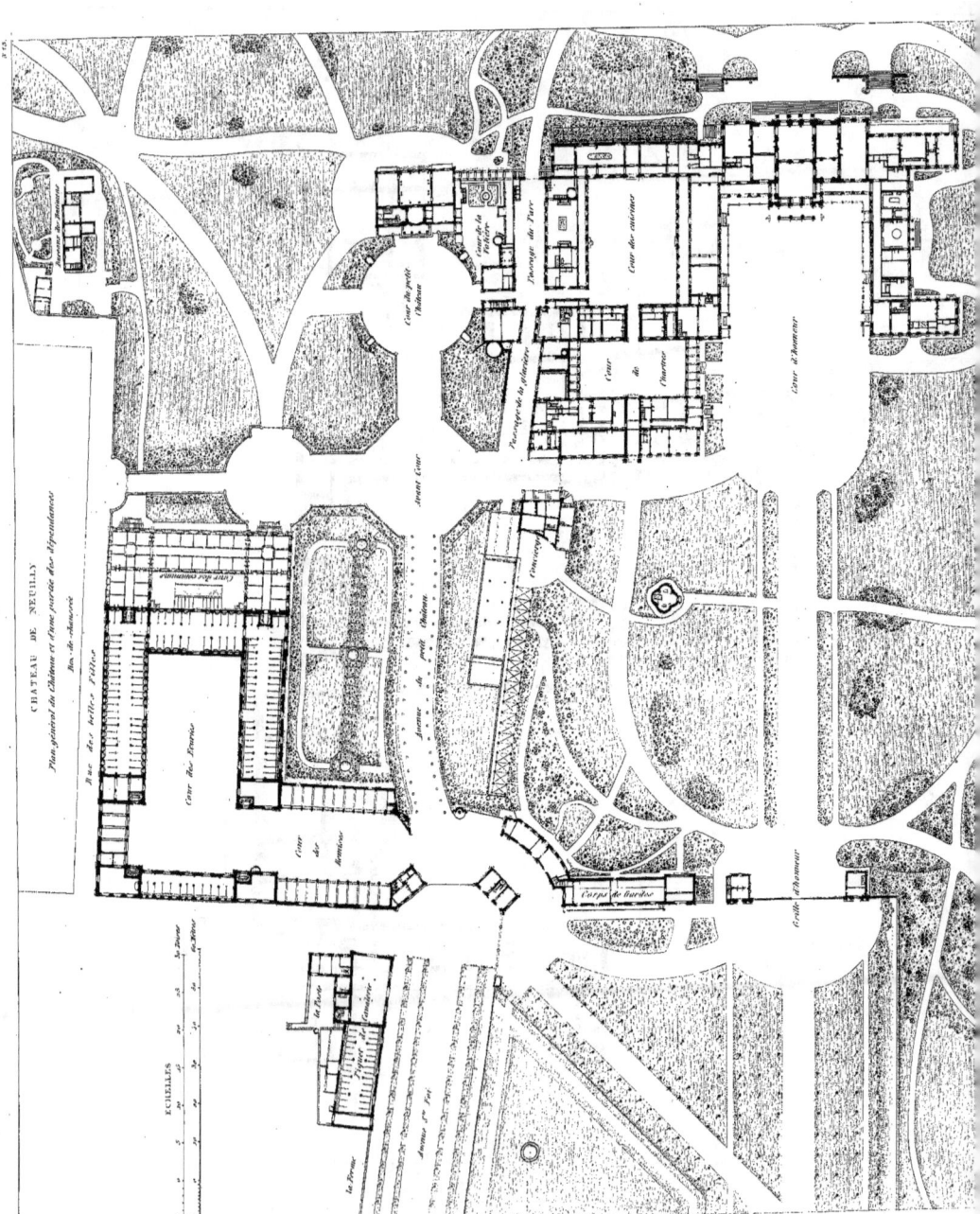

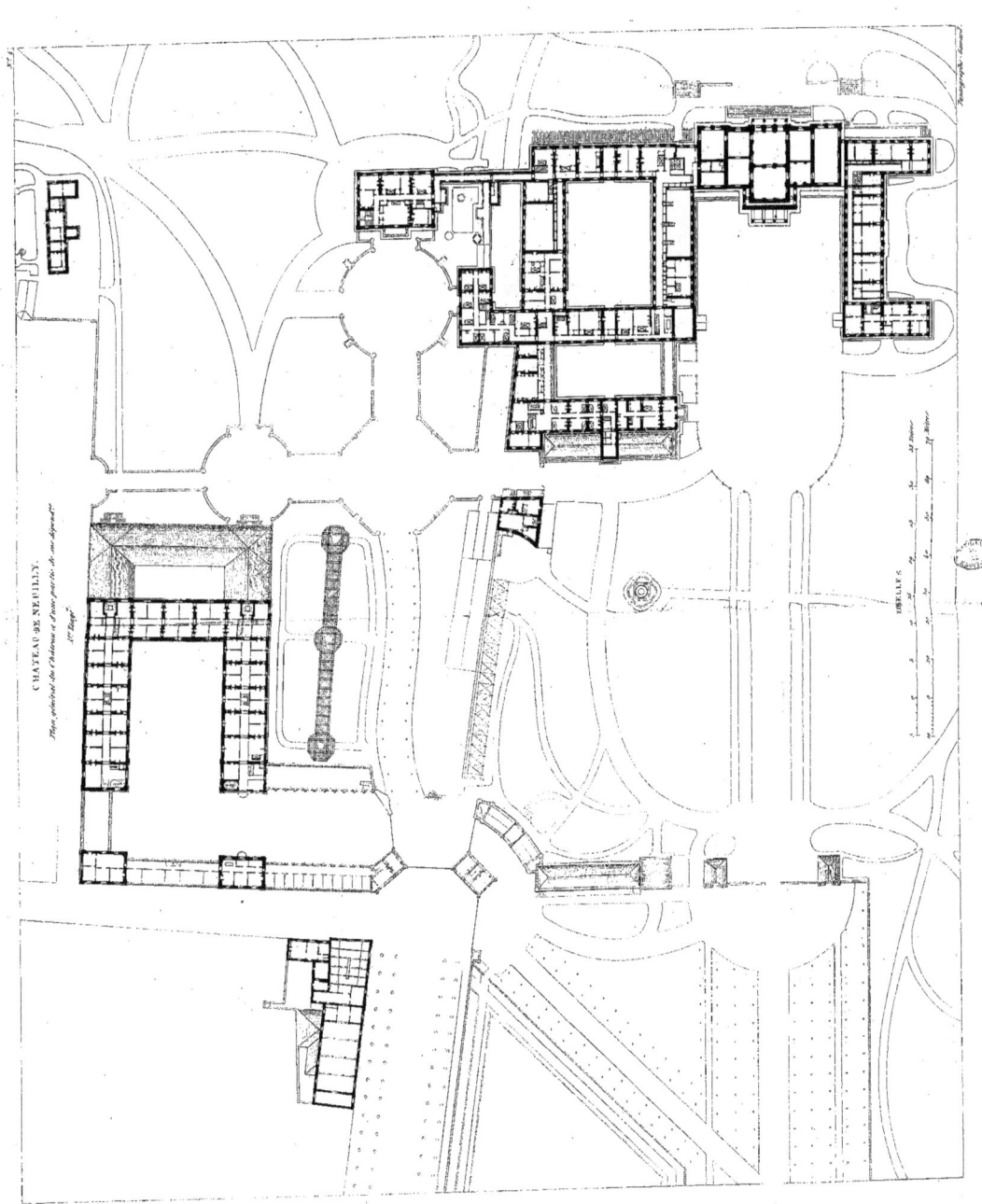

CHATEAU DE NEUILLY.

Plan du manège et d'une partie des dépendances du Château.

Vue du Pavillon de Wurtemberg du coté de l'entrée

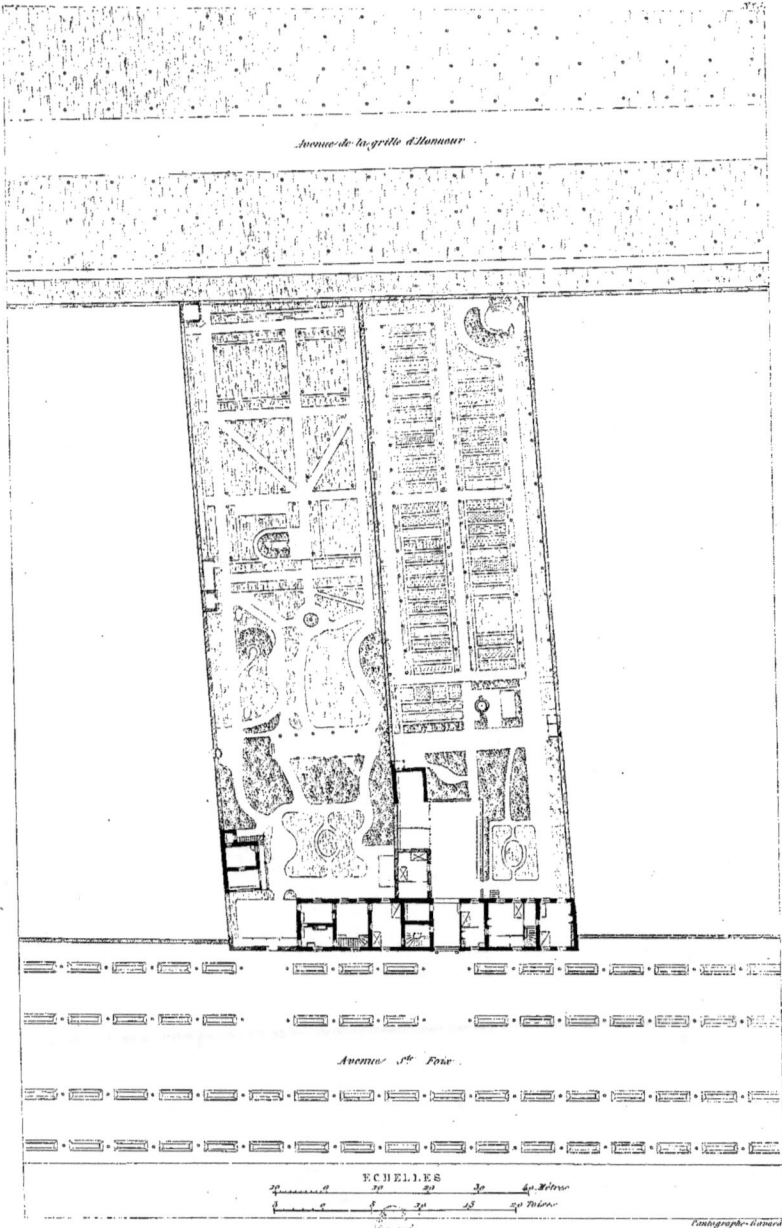

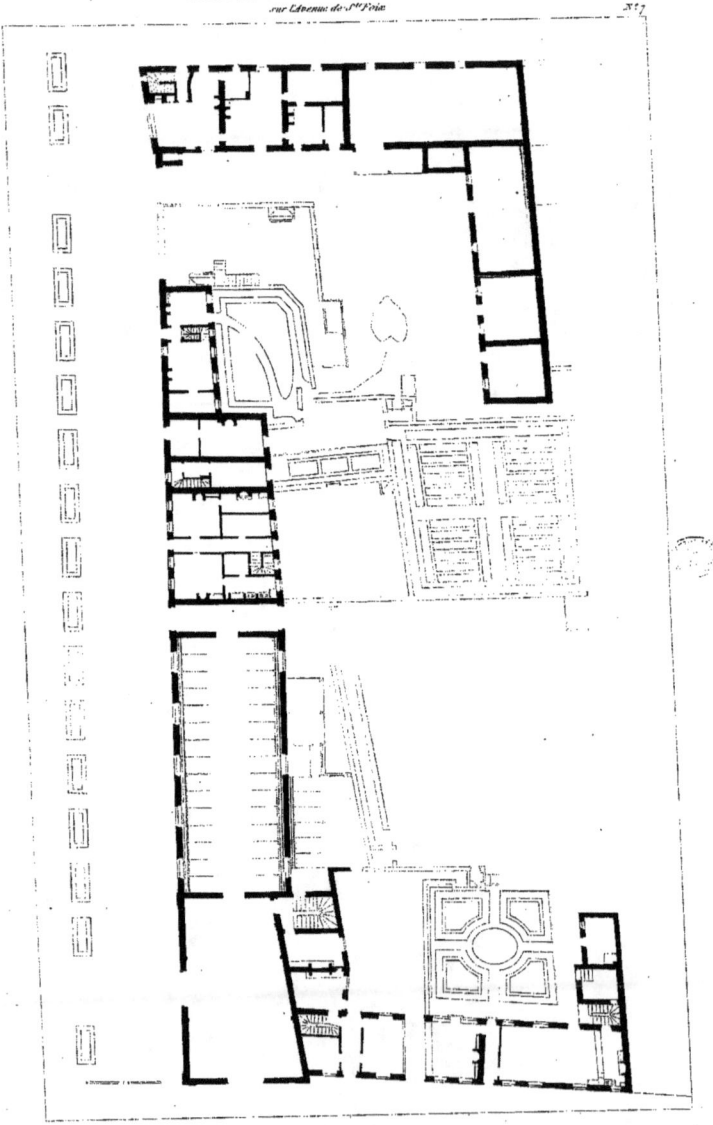

CHATEAU DE NEUILLY.
Plan du Piquet de Cavalerie de la porte et de la Ferme sur l'Avenue de S.te Foix

ECHELLES

CHÂTEAU DE NEUILLY

*Plan de la maison d'habitation dépendant du Parcaux
près l'entrée de la grille du Parc sur la route*

ÉCHELLES

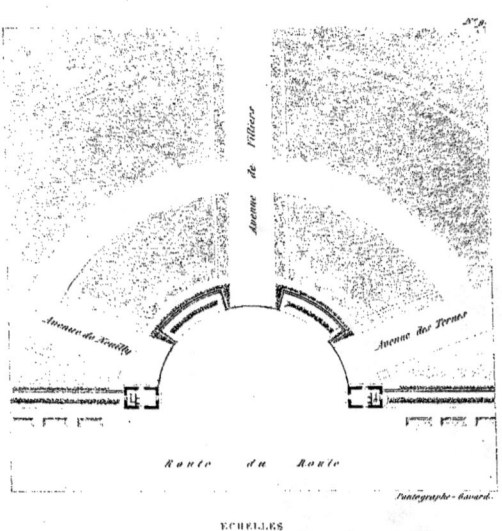

CHATEAU DE NEUILLY.
Plan de l'entrée principale

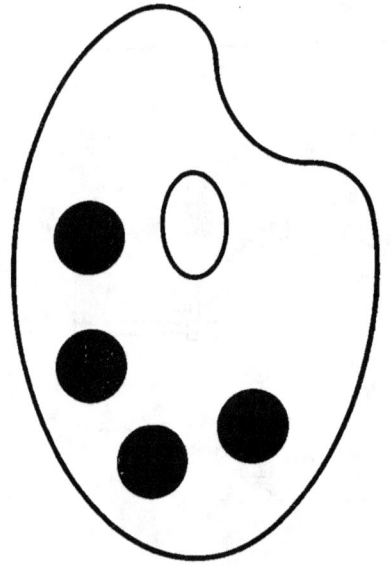

CHATEAU DE NEUILLY

VUE DE L'ENTRÉE DU CHATEAU PAR LA GRILLE D'HONNEUR

CHATEAU DE NEUILLY

VUE PRINCIPALE DE L'ENTRÉE DU CHATEAU DE NEUILLY AVEC UNE PARTIE DE SES DÉPENDANCES

CHATEAU DE NEUILLY

VUE DE LA FAÇADE DU CHATEAU DE NEUILLY DU COTÉ DE LA RIVIERE

CHATEAU DE NEUILLY

SALLE À MANGER

CHATEAU DE NEUILLY

VUE DE LA GRILLE DU PETIT CHATEAU
AU BOUT DE L'AVENUE DE St FOIX

CHATEAU DE NEUILLY

PLAN ET VUE DE LA SERRE CHAUDE DANS LE JARDIN FLEURISTE

CHATEAU DE NEUILLY

VUE DU PETIT PAVILLON DE LA LAITERIE DANS LEQUEL
A ÉTÉ PLACÉE LA STATUE DE DIANE DE POITIERS.

CHATEAU DE NEUILLY

VUE DU CORPS DE GARDE DE LA GRILLE DU PONCEAU.

CHATEAU DE NEUILLY.

VUE DU PAVILLON EN GRUME.

CHATEAU DE NEUILLY

BANC DU BOSQUET DES TOURNIQUETS

CHATEAU DE NEUILLY

VUE DU GRAND PONT DE FIL DE FER

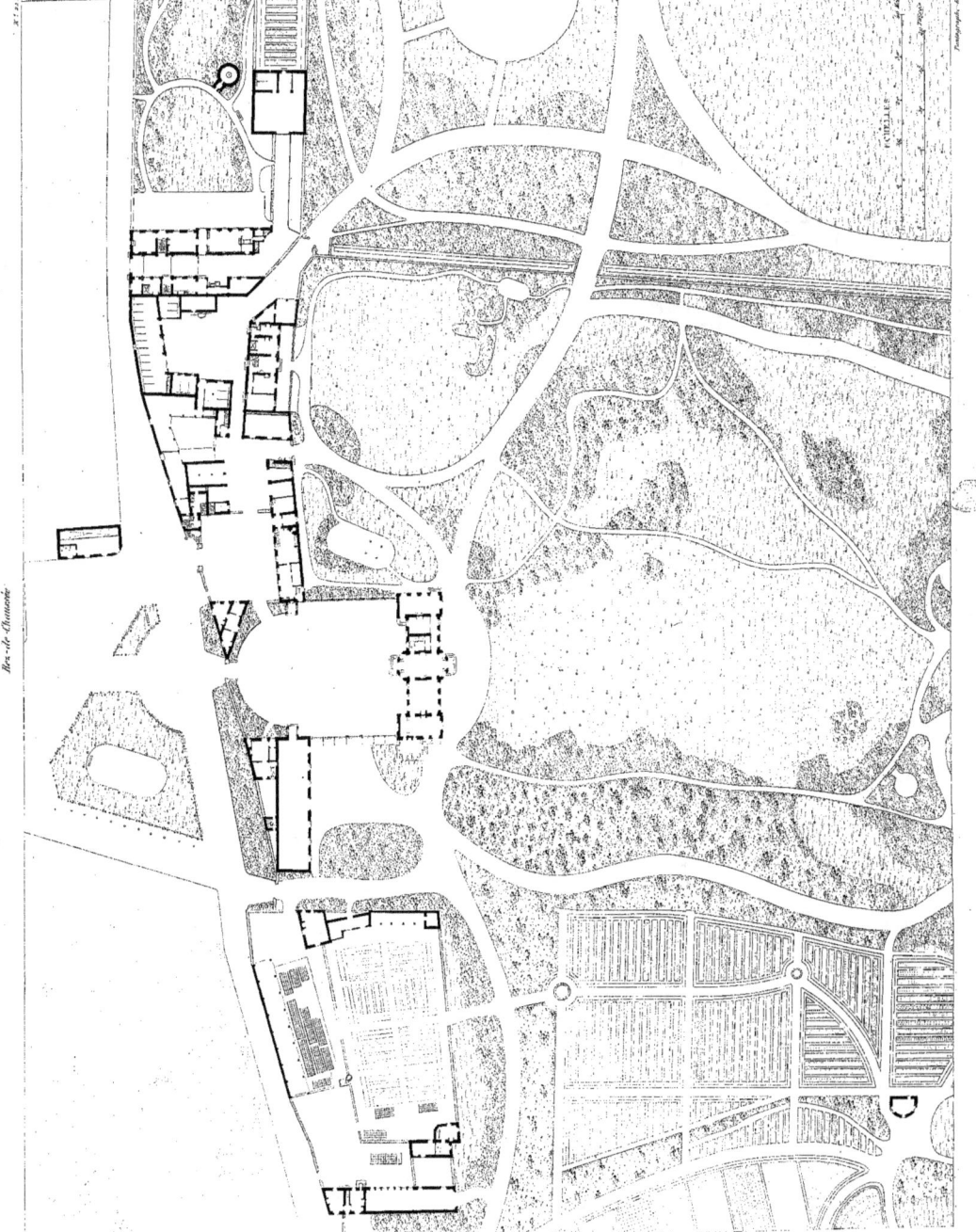

CHATEAU DE VILLIERS
Dépendances
Plan du 1er Étage.

ECHELLES

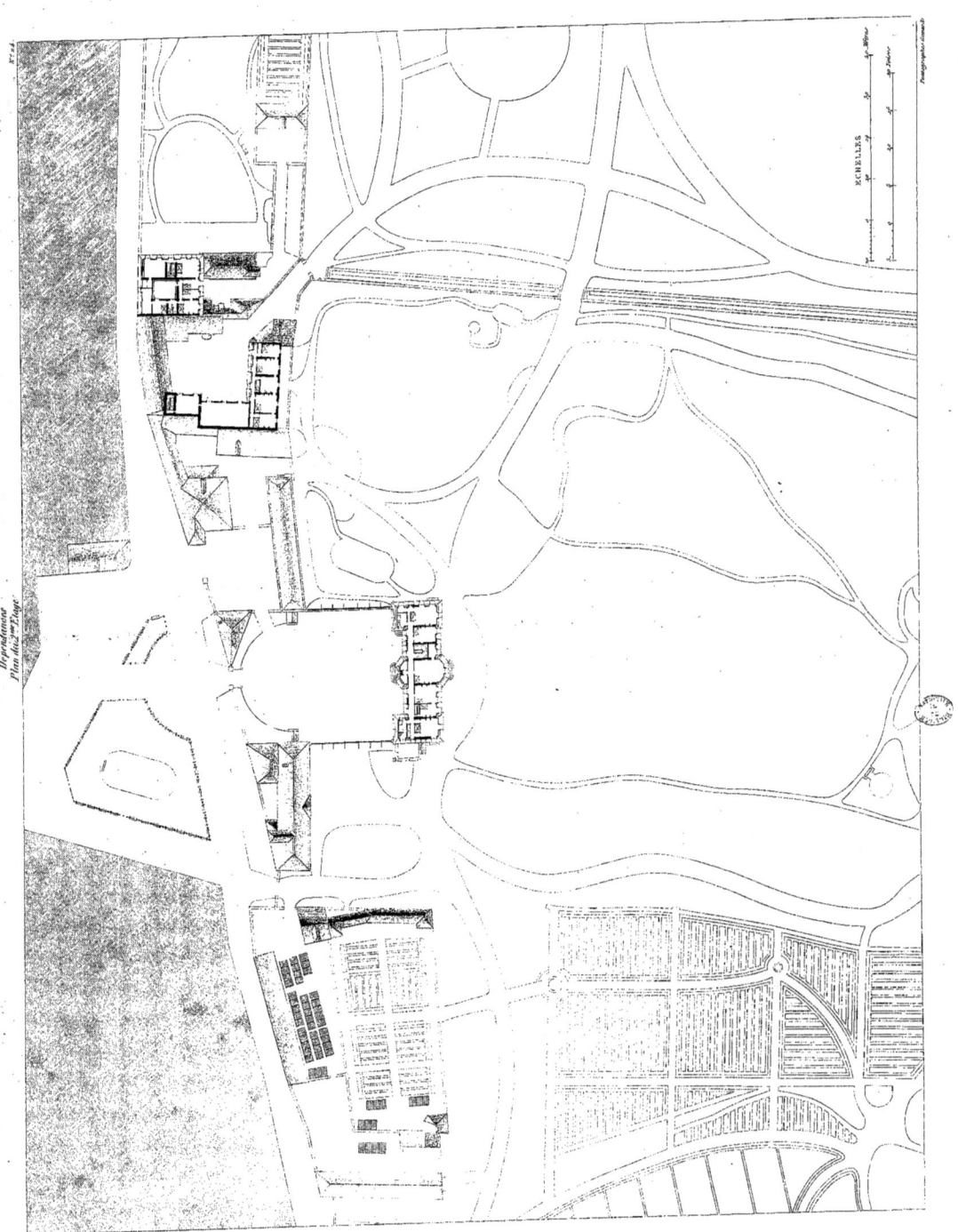

www.ingramcontent.com/pod-product-compliance
Lightning Source LLC
LaVergne TN
LVHW022116080426
835511LV00007B/856